EL ÚLTIMO SUSPIRO
DEL PLANETA

ExLibric

JUAN ANTONIO ALMANADO

EL ÚLTIMO SUSPIRO
DEL PLANETA

EXLIBRIC

ANTEQUERA 2020

JUAN ANTONIO ALMANADO

EL ÚLTIMO SUSPIRO
DEL PLANETA

Prólogo

La poesía de Juan Antonio Almanado va directa al corazón y te lleva en volandas hasta límites insospechados. Puedes percibirla clara y rotunda por su sencillez. El corazón del poeta encuentra su inspiración en cualquier instante de la vida.

En este segundo libro, el autor de Poesía para la humanidad busca de manera directa emocionar al lector con los sentimientos más profundos. Sin usar un léxico exuberante, te cautiva. Habla a la naturaleza, a los animales, al amor, al desamor y a los sentidos. Su poesía no es solo poesía, son reflexiones del pensamiento que cantan las inquietudes de la vida cotidiana, para engatusarte con su encanto, llenando de sensaciones tu alma. Con *El último suspiro del planeta*. Poesía para los sentidos sigue fiel al propósito de enamorarte con sus palabras, conjugando los versos de manera directa y sin ambages.

Agradecimientos

A mi amiga Pilar Porras Lobo, que con su crítica constructiva ha ayudado a este poemario a ver la luz más nítidamente.

A mi hijo Adrián, por su aliento y apoyo, y por darme ánimos para seguir escribiendo.

A mi cuñada Nazaret, por sus sugerencias para el prólogo y la contraportada.

A mi familia, siempre atenta a todo lo que escribo.

A mi nuera Noelia, artífice del diseño de la portada y la contraportada.

A mi pareja, esa mujer que desde las sombras aporta tantos sentimientos a mi corazón plasmados a veces en mi poesía.

Y, en general, a todos los lectores de mi primer libro, porque sin ellos esta segunda obra carecería de sentido.

«El amor es más fuerte que el miedo».

I. MAR QUE MUERES

En las aguas inquietas,
la claridad del mar
va perdiendo su pureza,
hundiéndose en el fondo de mis penas
como luz que se apaga,
mientras ella está serena.

Entre el hastío y la sal
vaga su marchito caminar
por el manto de coral
abocada a naufragar.

Ya las olas no mecen los delfines,
pronto dejarán de danzar esos bailarines,
con los silbidos en los oídos
de los hombres afligidos,
por el cielo roto
reflejando las nubes negras
en las profundas tinieblas de ese mar
desamparado.
Muerto, sin sentir que soplas al viento,
para limpiar sus aguas manchadas
por tu desidia injustificada,
hechas a fuego lento
con los vertidos del gentío
en su inmenso lecho

cada día más frecuente.
Muriendo un poco de él.
Muriendo un poco de mí.
Muriendo un poco de ti.

Llora así desconsolada la hermosa sirena.
Llora queriendo cortar sus venas,
por ver llegar el final
y el de su cohorte celestial.

¿Por qué lloras, sirenita?
Ya no cantas a los rudos marineros
tu suave melodía infinita.
Ya no hundes tu cola a la luz de los luceros.

Lenta, lenta, lenta vas,
atravesando el caudal
de tus desdichas,
perdida en el infierno
de las cloacas.

Tus recuerdos y alabanzas
con tu piel hecha jirones
y las manos doloridas
de tan malas emociones.

¿Dónde estás tú?
Vuelan gaviotas desoladas.
¿Dónde estáis tú
y tus amargos amaneceres?

Hay un naufragio en el mar
grande por naturaleza,
en el largo caminar
de los caprichos del hombre
a quien nadie corresponde.

Tú sigues buscando el azar
y yo sueño contigo, resucitando,
ayudado por tu enemigo.
Verde, verde, verde mar.

Hay un refugio en el océano
donde los hombres lloran sus penas
mientras al mar envenenan.
Su sombra huele a podrido,
negro, negro, negro oscuro,
se está muriendo despacio
entre olas malolientes,
que las lleva la corriente
hacia las playas embarrancadas
por la desgracia de tu olvido.

Nadie busca el camino
para parar este sangrado.
A veces lleva tu nombre
y otras las de los hombres malvados.
Flotando anillas prendidas
en verde musgo enredadas,
oro y plata piel dañada,

carne frágil por las latas
mareadas entre algas mal paradas,
y enfermos huéspedes
que desprenden ese olor
de aroma a muerte,
con el rumbo perdido
abandonados a su suerte.

II. TRISTE DESPEDIDA

Tu calma es mi paz.
Tus ramas, melodía,
mecidas al viento,
violonchelo que suena al pasar
los rayos de sol
perdidos en tu indescriptible silencio.

Las gotas de lluvia,
perlas engalanadas,
salpican con su tintineo
aquellos remolinos de hojas enmarañadas
en lo más profundo del alma,
al son monótono de su balada.

El agua turbia
apaga los recuerdos del ayer,
espejo donde me alejo
del fuego marchito,
abocado a ese final maldito
del querer bendito,
y como aire frío
de tus entrañas
exaltan la paz de mi calma.

La noche oscura ofrece
tus ojos verdes

al brillo de los luceros,
dejando un reguero de lágrimas
porque Venus despertó
sin un te quiero.

La luz entre las sombras
refleja la soledad del atardecer
y un aroma a tierra mojada
despierta a la pálida luna,
iluminando el cielo
con su triste cara
de luz blanca y purpurina.
Y esos destellos corren un tupido velo
para dar paso al nuevo
e incierto sendero.

III POR ELLA

No quites la vida,
no juegues con ella,
no juzgues la vida,
ni marques tus huellas.

Tu vida no es vida
sin vida de ella,
emprende la huida
y vete sin ella,
o cuida su vida
y vela su estrella.

Viaja en su estela
y no dejes secuela,
libera equipaje
sin rencores ni chantajes,
lastrando egoísmo
y no pienses en ti mismo,
aunque sea de repente
por encima de la gente.

La flor añora la lluvia caer
cuando muere de sed.
Si no la riegas,
y siempre la niegas,
no volverá a nacer.

Los golpes son golpes.
Si sueña sin ti
con miedo de ir
de nuevo a tu encuentro,
no volverás a verla.
Si el miedo se queda,
olvida tu instinto
de loco tras ella,
rompiendo una lanza
contigo se queda.
Si la amas y enredas,
en tu alma se hospeda.

IV. AMOR A CIEGAS

Sin mirada busco el sol,
que me brinda su alianza con esmero.
Ayudado del perfume de tu pelo,
vislumbro los latidos de tu alma
y recorres con los dedos mi sendero,
como plumas que acarician las entrañas
colmadas de destreza y de saña,
alcanzando la virtud de la esperanza.

Así, cuando respiro,
necesito el aire de tus suspiros,
para llevarte conmigo
como si fueras mi abrigo

Y si te persigo,
huérfano de soledad
ya no sigo.
Desde la oscuridad
se retuercen los sueños
tras las sombras de la conciencia
si no palpo tu presencia.

Puedo olerte
con mis multiplicados sentidos;
logro verte
con las manos siendo mis ojos;

pedirte un beso, luego regreso
entre tus senos y mis excesos.

Y si estás ausente,
yo me enojo
por no hallarte enfrente.
Necesito de tu mente
para ver los colores en mis adentros,
como si fuera un descabellado antojo.

Soy el fuego sin sombra,
el viento del desaliento
y el momento de tus desaires.

La luz yace en mi interior.
Proyecto la penumbra
dando brillo a tu sol.
Y así, con los caprichos y las fantasías,
todo quedó en entredicho,
imaginando tu cara
sobre el resplandor del atardecer,
sin que el tiempo me bastara.

V. MALTRATADOR

¿Quién eres tú para quitar la vida
y jugar con ella?
¿Quién eres tú para juzgar la vida
y marcar tu huella?

Y si tu vida no es vida
sin la vida de los demás,
piérdete en tu soledad,
pero deja en paz la vida.
Por más que la lleven asumida,
solo pretenden vivirla con felicidad.

Y en la mente
solo viven con el presente,
angustiadas por el terror y el desasosiego,
cansadas de luchar a contracorriente
desde la sombra,
para escapar de sus amargas amarras
con miedo, pero con garra.

¿Quién eres tú para quitar la vida
y jugar con ella?
¿Quién eres tú para juzgar la vida
y marcar tu huella?

Perseguida por los siglos de los siglos,
desde la eternidad,

por tanta crueldad
de ti y de los que vendrán,
buscando afligir el ánimo
de aquellos magnánimos
derrochando su bondad.

Y ahora busca dentro la verdad,
y si es tu vida la que destruyas,
mejor que sea sin bulla,
para que sientas despacio
el resquemor de tu maldad.

No me atreveré a ser reacio.
Tampoco viviré pensando en tu dolor
insertado en tu piel,
desesperado como serpiente ultrajada,
al igual que tus víctimas desamparadas,
cuando ellas estén ausentes
y no quieran verte,
ni siquiera reconocerte,
pero sí olvidarte y, cómo no, perderte.

VI. AMOR NO CORRESPONDIDO

Lo siento, por ser el impaciente
más indecente.
Nunca debiste anclar tu amor conmigo,
en serio te lo digo.
Tú respiras por otras latitudes
y yo, con estas aptitudes,
sumergido entre inciertas pesadillas,
rozando tus mejillas,
pensando solo en sexo
y tocando tus rodillas.
Vuelas con los pensamientos
elaborando una vida plena
llena de sueños rotos,
desde los deseos más profundos
y con aquellos miedos banales
a caballo entre mi locura y tu cordura.
Crees en ti, pero no sabes de mí,
porque las manos las tengo vacías
y el corazón repleto de amor incompleto.
Propones lealtad y yo solo dispongo de maldad.
Olvídate de mí,
en serio te lo digo.
No pierdas más tiempo conmigo,
siempre miro hacia mi ombligo,

así que da la vuelta
y olvídate de mí,
en serio te lo digo.
No soy buen amigo
ni hombre para ti,
solo te haré sufrir.
Necesitas otro amor
que piense por los dos,
que sueñe contigo y forme un lazo
con tu corazón y su lealtad.
Así que da la vuelta
y olvídate de mí,
en serio te lo digo.
Ignora lo que fui
para que puedas volver a vivir.

VII. A TI

En este rincón te escribo
para vagar con mis versos
a través del universo
con los pies en los estribos.

Busco sensaciones
que hurguen en tu mente,
sin palabras estridentes
ni ruidosas canciones.

Regalarte una lluvia de estrellas
que recorra el firmamento,
dando paz a esos momentos
allí donde estén tus huellas.

Camino por el filo de los sentidos
sigiloso y cauteloso,
sintiéndome muy dichoso
al calor de tus latidos.

En esta noche de luna plateada,
cantarte algunas de mis vivencias
desde lo más hondo de la conciencia
y el reflejo de la luna encantada.

Rociar con alegrías venideras
el incierto y más puro quebranto,

para cubrir con tu encanto
aquellas tardes de lectura placentera.

Y regalarte una lluvia de estrellas
que recorra el firmamento,
dando paz a esos momentos
allí donde estén tus huellas.

Soy feliz. Sí, sé que estás ahí,
sabiendo que siempre esperas
volar sobre mi propia esfera
agarrado a los versos para llegar hasta mí.

VIII. EL ÚLTIMO SUSPIRO DEL PLANETA

El sol me dijo un día
de aquellos días que no lucía,
cubierto de nubes pálidas
y derramando lágrimas cálidas,

que tú no merecías
el resplandor de sus brazos,
atormentado por los fracasos
para cambiar tu ideología.

Olvidas todo aquello
que hace daño
a nuestro mundo
cada año,
y tantos siglos de profecías
de aquellos que con sabiduría
proclamaron que la tierra
estallaría un mal día
en mil pedazos.

¿Qué harás
cuando no sientas los destellos
y el centelleo de todo aquello
que perderás por no saber valorar?

Volverás a implorar
llorando por tus desdichas
y a enjugar esas lágrimas
a toda prisa,
cuando sea demasiado tarde
y veas venir el fin como un cobarde

Él siempre te orientó
con su veleta,
y tú lo ignoraste
como a una marioneta,
regresando para dejar al planeta
inmerso en la oscuridad,
fundiéndose por tu pasividad
poco a poco,
como se apaga un cometa.

Ahora
el viento trae rumores
entre las flores
con pétalos desconsolados,
arrastrando por el suelo
la esperanza del hombre
sumido en las tinieblas.
A menudo también tiemblas
al descubrir que ya no tienes
el fulgor de los rayos de sol
para cuidar de tu herida,
porque se va la vida

cegada por el dolor
de tanto horror descontrolado,
de aquellos amenazados de muerte
y malogrados
por olvidar el valor
y la suerte de tenerte,
incapaz de limar asperezas
y así salvarte, naturaleza.

IX. NO JUEGUES A SER DIOS

El acoso de una araña
no parece de tu estilo.
Temblorosa, hila con sigilo
sospechando de tu hazaña

Teje haciendo una maraña
con su fuerte telaraña.
Aunque parezca dormida,
ella trenza entretenida
sin que nadie se lo impida,
mientras sea la elegida
para acabar con su vida.

Muerte a esa vil araña,
que trastoca mi sosiego
con desvelo sin consuelo,
yo no quiero su dolor.
Con el miedo por no verla,
tiritera, temerosa,
por el filo de una rosa,
la aplasté con una losa.

Al entierro, dos hormigas
más un grillo aparecieron.

Las hormigas, divertidas;
el grillito, receloso,
al compás de una cigarra
vocifera cauteloso
de alegría sostenida,
recordando las amarras
de su amiga más temida.

Pero tú no temes nada,
y de muerte has sentenciado
a la humilde y sutil araña.
¿Qué daño te hizo en vida,
habiéndola crucificado?

¿Por qué juegas a ser Dios?
Si no puedes con tu vida
y a esa endeble y tenue araña
que no quiso hacerte mal
a la muerte has conllevado
sin echar la vista atrás,
al entierro has condenado.

Si no jugaras a ser Dios
y la hubieses liberado,
ya no cantaría yo
a los hombres desolados.

A mí nadie me acusó
de matar nunca a una araña.

Hasta el paso lo cambié
para salvar a la hormiga
y saltar sobre mis pies
con tal de evitar su herida.

Si me hostigas,
mi canción
será venganza asumida,
proclamando esta alabanza
a los vientos por el norte,
para romper una lanza
entre aquellos pasajeros
que dan fin a los que viven
sin defensa, y al antojo
de esa gente traicionera
que no buscan la quimera
por su triste desazón,
de aquellos sospechosos
que dan final a la partida
antes que se ponga el sol.

X. A LOS SOBRINOS

Ayer naciste, mi niño,
entre prisas, alguna lágrima
y mil sonrisas.
Hoy en tu primera primavera,
¡viva la madre que te pariera!

Tu dulzura es comparable
con el brillo de las estrellas
reflejado sobre la luna
y envidiada como ninguna.

Ahora riegas de luz y alegría
aquellos eufóricos corazones
que colman de atenciones
tus incansables juegos e ilusiones.

Y, como cada día,
asoma el sol en tu ventana,
dando palmas de alegría
para animar las mañanas
de aquellos que con cariño
suspiran entre tus guiños
y bailan de pura fantasía.

¡Ay, señor, qué dulzura este niño!
Con su inocente sonrisa

y el furor de la niñez,
nos deja el alma hecha trizas
por su incesante testarudez.

Y más allá del cansancio
me olvido de la desazón
cuando entregas
con esa dulzura envidiada
el calor de tu corazón.

XI. AMOR ETERNO

Amor viejo que rompes en la orilla
de la playa de mis sentimientos,
hoy has vuelto.
Has vuelto para despertar
sobre la cresta de espuma blanca
en el balanceo de tus indomables olas.

Ya estoy acostumbrado
a tus devaneos en el tiempo,
deshojando los pétalos de nuestros corazones,
con el tictac de los recuerdos.

Hoy, quizás sí...Mañana, tal vez no…
Pero qué más da,
si aún estás a mi lado
para compartir el tiempo olvidado.

Tu y yo somos dos
cantando una canción desesperada
a nuestra relación desencantada,
por nuestra marchita ilusión desconsolada.

Ruge el viento y escucho las olas
rompiendo sobre los guijarros de la mente.
Pero, a ti, ni te escucho ni te veo.
Y yo
suspirando por sentirte más ardiente.

Amor cansado, mustio amor
y amor paciente,
ya no resucitas mi alma
como en los viejos tiempos
y en las noches de eternos desvelos,
y en tus devaneos y el tic-tac de los recuerdos.

Hoy, quizás sí… Mañana, tal vez no.
Y así cantamos nuestra canción,
sin pensar en los recuerdos
ni en la pesadilla de nuestra vida,
monótona, manida y afligida.

XII. AMANTES

Si duermo contigo,
respiro y suspiro
tocando tu ombligo
volando te miro
con ojos de llanto,
y luego te canto
piropo vencido
de aquello que admiro.

Tus curvas perturban
la mente encendida
después de observarte
la paz de mi vida,
lucero del alba,
la luna escondida
parece dormida.
Por más que la miras,
tu alma se olvida
sin una mentira
con lazos prendida.

Risueña en mi lecho
jamás te desecho
y tras tu partida,
mis manos tendidas
te agarran y tiran

rasgándome el pecho
con uñas de gata
que arrastran y matan.

El dueño del vértigo
el mismo del sueño.
¿Por qué me abandonas?
Tranquilo en mi cama
tras la madrugada
con armas lejanas,
volviéndome loco
si yo no te toco.
En mis brazos cautiva
se alza la voz de mi alma
de noche robando tu calma
llevándote dentro,
buscando tu aliento
turbada, cansada.
Me miras y suspiras
como adolescente encantada
y bien amada.

XIII. VIVIR LA VIDA

Resguárdate del mañana
que aún queda por llegar,
deja correr el presente
y cuida el minuto de vida
que estás a punto de consumar.

Disfruta con lo que hoy hiciste,
quizás el mañana nunca aparezca.

Goza el día como te apetezca
y vive el presente como se presente.

Mañana será mañana,
no lo culpes
hoy,
aún es inocente.

La rueda del tiempo
corre deprisa,
y aunque lo haga indecisa,
nadie vivió un mañana
antes de hoy.

Y si hoy aún no has vivido,
habrás sufrido y el tiempo perdido,
disfruta el momento
y no esperes un mejor argumento.

Olvida el futuro aún ausente,
todavía estás en el último segundo de tu presente.

Vive hoy como si fuera el fin en este día,
para ser más feliz todavía
y hazlo como te dé la gana,
pero hazlo sin desgana.

XIV. Cruel realidad

Es la cruel realidad.
Mi mundo
tu mundo,
tus sueños rotos
la vida en fotos.
Pero quién te ha amado más que yo.
El fruto del árbol caído es más amargo si tú no estás.
La canción de amor
se convirtió en desamor.
Las mariposas dejaron de volar
en tu corazón.
Los gorriones dejaron atrás sus cantos
por llantos.
Pero a quién le importa…
Es nuestra canción,
es nuestra vida
es nuestra ilusión.
Y yo te sigo queriendo
como el primer día
y tú me sigues queriendo
como la primera noche,
cuando hicimos el amor en aquel coche.
El tiempo nos hizo más fuerte
y el azar nos entregó a la suerte
con la mente más prudente.

XV. LA BELLEZA DE LA VIDA

La belleza de la vida
percibo cuando la miro.
Esos ojos infinitos
con el rostro tan bonito
los guardo si me retiro.

Abrazo los recuerdos
de esos momentos vividos,
para tener su retrato
colgado de mi conciencia
por si alguna vez abandona
a los vientos su paciencia,
dejando mi corazón
enredado a un garabato
sin rumbo y sin pasión
tras el tiempo disfrutado
entre sutiles arrebatos.

Sus manos son dos palomas
que surcan el universo,
llenando de sensaciones
mis ansiadas tentaciones.

Y con su dulce aroma
recoge las alas al viento,

sabiéndose perseguida
por el deseo más ardiente
acabando sin aliento,
calla por ser prudente.

Reta al viento,
vuelan los sueños
hasta planear en mis adentros
por el valle desierto,
sobre la piel morena
de esa niña traicionera
con los ojos más hermosos
que en mi vida conociera.

Ella mira sin sonrojo,
sin palabras que resuenan,
con sonrisa guerrera
y el oficio de bandolera
me doblega a su antojo.

Y aunque no fuésemos nada,
yo mi vida te daría.
Tú eres la constancia
para luchar cada día
con esmero y sin sosiego
a través del intrincado sendero
de los caminos de fuego.

XVI. TÚ Y YO

Si no fuera yo,
tú serías libertad.

Si no fuera yo,
tú serías eternidad.

Si quisiera yo,
te dejaría de amar.

Si quisiera yo,
te volvería a escuchar.

¿Por qué canto
con un nudo en la garganta,
restregando las manos
en los ojos del alma?

Si tú fueras tú,
yo volvería a vivir.

Si tú fueras tú,
yo sería trovador.

Y en las noches de calor
cantaría con furor
buscando el consuelo

entre tus enredos
dentro de tu corazón.

XVII. OLORES HECHOS DE RECUERDOS

Hay olores que confunden tu mente,
aromas que no pertenecen al presente
y son consecuencia
de los recuerdos ausentes.

Y si lo vuelves a encontrar cara a cara,
quizás evoquen a tu inconsciente,
aquella edad temprana
de niño,
de joven,
o de la eternidad más lejana.

Pero te harán trasladar
a ese mundo de otros tiempos,
donde tal vez
fueran tiempos deseados
o incluso malogrados.

Para borrar de tu historia
o dibujar en un papel
como si fuera tu piel
al igual que un estampado.

Y lo verás en el retrovisor de tu memoria.
suspirando lleno de nostalgia,

o llorando en el baúl de tus reproches
hechos desde el alma
por no tomar con calma
y elegir el camino equivocado
en tus derroches.

Volarás hasta aquel lugar
con tus pensamientos
ayudado de dos alas difuminadas,
entre tus manos cansadas
de no querer quedarte
en ese preciso instante
y borrarlo para siempre fulminante.

O preferir dormirte de nuevo,
para volver a vivir y gozar
como si fuera de verdad
una vez más,
brindando otra oportunidad
y aprender a valorarlo.

XVIII. DUDAS

Hoy las dudas se apoderan de mi voluntad
y el recelo corre por el sendero de la inquietud.

Hoy es un día de esos
que te trae desecho
desconfiando de tus versos
y que no te traicione el ser o no ser.

El principio y el fin de tu historia,
de lo que pudo y no quiso ofrecer.

Temo a la escarcha
sobre el mar de hielo
en el asomo de tu reflexión.

¿Es posible estar y perderse a la vez
entre la gente y el papel?

A veces, hierve en la cabeza
como hoguera de primavera
de aquellas pesadillas
sobre el horizonte de los miedos
en los pensamientos más retorcidos.

Pero mi afán
se apodera del pánico

y hace esclavo a los retos
convirtiéndolos en perpetuos.

XIX. CORAZONES ROTOS

Tú y yo ya no somos realidad
formamos parte del pasado
robándonos besos inventados
y privados de supuesta eternidad.

Tengo el corazón destrozado
a la sombra de tus recuerdos
con los sentidos apagados
y la mente sin acuerdos.

Cientos de momentos olvidados
carentes de mariposas enlatadas
y alejados de miradas acercadas
desde aquellos sentimientos enfrentados.

Otros tiempos vieron rugir el amor
cuando aún tenían sentido los guiños,
abrazándonos como niños
lejos de la maldad y rencor.

Y aquellos momentos extasiados
que ahora resultan descartados,
queriendo ser venerados,
aunque solo sean obligados,
vieron correr la lluvia en el tejado
por tardes sin importancia

perdidas entre sollozos y la distancia
y engañados por el amor disfrazado.

XX. EL AMOR ESTA EN EL AIRE

El amor está en el aire.
No sé su pelo,
no sé sus ojos,
ni su manera de ser.
El amor está en el aire.
Quizás mañana,
quizás en la cama,
en Júpiter o en Marte,
algún día aparecerá mi dama
y entonces la atraparé.
El amor está en el aire,
Siempre la he respirado,
siempre se ha mostrado.
Mi almohada sabe cuántas veces la he pensado
la he llorado,
cuántas veces me dejo llevar
por su sombra,
por su aroma,
y lo busco en las calles,
y en el mar,
y solo encuentro viento,
y solo encuentro sal.
Pero yo sé que está ahí esperándome.
El amor está en el aire

y para ese día
tendrá sentido mi vida.
Preparé mis naves,
cargadas de sentimientos.
Preparé el escudo para que no duela,
si pierdo el aliento,
y seguiré buscando,
y seguiré luchando,
porque sé que un día vendrá.
El amor está en el aire.
Mi mente llora su ausencia,
sin llegar a la demencia,
porque no se deja ver,
aunque esté más cerca cada vez.
El amor está en el aire,
y yo lo encontraré.

XXI. AMOR Y MIEDO

Miedo y amor,
amar y temer.

Sentimientos enfrentados,
dos palabras contrapuestas
y de múltiples significados.

Reflejadas en la vida,
imposibles de hermanar
por los siglos divididas,
imposibles de acercar.

Con miedo no hay amor
y por amor no hay miedo
que no consigas doblegar.

El amor, más fuerte que el miedo,
como agua y fuego.
El fuego destruye
y el agua desarma la llama
que quema las ramas.

Entonces, ¿quién es más poderoso?
¿El fuego, o quien logra sofocar?

Quizás un día el miedo te invada
y la fuerza del corazón lo arrastrará.

No hay miedo que pueda acabar
con la firmeza del querer,
para volver a empezar.

XXII. LA NIÑA DEL LORO

La niña del loro
es una loca de remate,
espejo donde me reflejo,
veleta fuera de combate.

Divertida como una fiesta
de lanzamiento de tomates,
y risueña hasta cuando sueña.

Porque su simpatía
vuela con la descarada sintonía,
haciendo incansables mojigaterías
para convertirse en dueña de tus fantasías.

¡Feliz, feliz sea este día,
niña de la alegría!

Quiero que no olvidéis
la divertida palabrería
en tu repertorio despreocupado,
sin envoltorio.

¡Feliz, feliz sea este día
niña de la simpatía!

Y si ese loro no canta tus alabanzas,
yo lloro de impotencia

por no perder la paciencia
y dejarlo sin conciencia.

XXIII. BIENVENIDA
A LOS NUEVOS AMIGOS

Se respira un aire nuevo en el pueblo de Manilva.
Limpio, puro y amistoso,
nacido de los lances más valiosos
por las nuevas amistades,
mientras entre sus calles
el viento silva y silva

Muchos días ruidosos,
con el rugir de las olas
soplando el viento entre lamentos,
sobre los muros
de su castillo más famoso,
con dos cañones por banda
desde aquel emblemático lugar,
sitio también de innumerables parrandas.

Vuela alto pueblo dichoso,
colmado de gentes diferentes
con multitud de naciones
y anclado en el tiempo
por la bondad de sus habitantes
con aquellos pobladores que vinieron desde lejos.

Sueña, sueña, sueña desde sus vides,
con su vino blanco, seco y moscatel,

ondeando orgulloso el oro de su medalla
por los tiempos del pasado
con fortín fortificado.

¡Vivan, vivan
los nuevos amigos!
Con el mejor de los motivos
quiera Dios que dure mucho
este bienvenido, fresco y nuevo aire de Manilva.

XXIV. SENTIMIENTOS DE UN GRILLO

¿Qué haces aquí, grillo,
en este mundo de locos
esperando solo un poco
para cantar tu canción?
Tal vez no me equivoco,
si reflejado en estos turbios cristales,
de enormes ventanales,
piensas que algún día
serás uno de esos hombres
tocados por la riqueza.
Mientras, desesperas en la pobreza
con tu disfraz desdibujado.
inventando una proeza.
Soy caballo ganador,
caballo de Troya,
que se mete dentro de tu corazón
para romper los cimientos con hechizos,
atrayendo las joyas del faraón.
Y aunque criticado por los pájaros,
no me canso de dar canto entre las flores
y los escarabajos.
Y mis sueños, aunque altos,
sueños son,
para cumplirlos entre la maleza

del horror de los mundos
Y el deseo más profundo,
de triunfar con mis versos,
retando al ruiseñor
y a quienes piensan
serán mejor que yo.

XXV. ADA

Ada, cada mañana se levanta libélula
que va saltando de flor en flor,
atraída por el vuelo apresurado
de una mariposa aleteando con pereza
que juega a no ser presa de sus garras
con increíble belleza.
Doña pluma, frágil como el cristal,
pero ágil como el manantial,
surca los recodos de cualquier modo
entre maceta y arenal,
dibujando una sonrisa en mi vida,
un tanto fría y aburrida.
Ella es feliz como ninguna
y juega, alborota y trota
enmarañada entre el suelo verde,
escondiendo sus uñas afiladas
con suave parsimonia como si fuera
nube flotando al compás de sus andares.
Qué te quiero mi niña
y qué felicidad la mía
viendo cómo disfrutas
con tu jovial inocencia
sobre este mundo cruel
de hombres intolerables.
Y no sabes de maldades,
ni tan siquiera por descuido,

pero yo suspiro
sintiéndome afortunado
por haberte capturado
y con esmero vigilarte,
mientras tú, dichosa en tu caminar,
alborotas a los demás llena de infinita energía.
Y con tu irresistible ronroneo
cuando rozo tu cuello con mis dedos,
te quedas dormida,
sumida entre algodones
olvidando los recuerdos del ayer
y tejiendo los momentos del presente,
para mostrar tus mejores maullidos
a las nuevas manos
que te harán crecer
y te han de querer,
porque das brío a todo mi ser.

*Este poema está dedicado a la olivera gorda de Ricote en Murcia,
un olivo de 1400 años de antigüedad que ha visto desde sus ramas
milenarias centenares de historias pasar.*

XXVI. OLIVERA

Árbol de nuestros ancestros,
olivera milenaria,
nunca hubieses resistido
sin tu fuerza extraordinaria.

Con los brazos retorcidos
y tu tronco estrafalario
henchido por los recuerdos
al son de imperiosos latidos
de ese viejo corazón
cansado y curtido
por las ramas legendarias,
recordando las vivencias
de una vida sosegada
con mil batallas vencidas
y otras veces bien ganadas.

Tus venas llenas de sabia
sirven a nuestros ilustres,
para escribir en tu cuerpo
aquellos nombres solitarios

de amores con corazones,
colmados de mil razones
y de humildes sensaciones,
rotos por el crujir de los siglos
de tantas generaciones
y por aquellos peregrinos,
que corrieron al encuentro
de tu sombra solidaria.

Desde el fruto de tu tallo
el nombre huele a molino,
y el molido de la piedra
resopla como elixir en la tierra
alumbrando lamparillas
entre piedras esculpidas
por las almas protegidas
de cruzadas ensalzadas
con las espadas alzadas.

Tu fuego es la venganza
de ver pasar la añoranza
de aquellos que viven soñando
tras las huellas de los reyes,
que firmaron alianzas
a tus pies con confianza,
y forjaron nuestra historia
con la gloria de cien verdades
bajo tus hojas milenarias.

XXVII. FUTUROS JUBILADOS

Soy persona previsora,
mas no oculto mis verdades.
Con la mente temblorosa
siento el futuro sin dueño
por tantas dificultades.
No quiero verme entre sombras,
recordar en mi memoria
aquellos años de gloria
trabajando con euforia
de sol a sol sin descanso.
Ahora que mis sienes
de gris plata se tornaron,
con la piel hecha hojalata,
por el pasar de los tiempos
de una larga caminata,
con cien caminos andados
y mis sueños custodiados,
para cantar victoria
desde la humilde euforia
del sentir el éxito logrado
de las batallas vencidas,
dejar atrás la partida
con el miedo subrogado
a mi futuro merecido
y siempre bien deseado.

XXVIII. PAZ INFINITA

Este es mi silencio,
la paz que aquí deseo.
Un profundo sosiego
rodeado de pequeñas almas
que no entienden de maldades.
Este es el instante
de dejar a un lado
los tormentos,
caprichos de mis pensamientos,
con la mente y el cuerpo
olvidados del tiempo.
Feliz de disfrutar
la sorda soledad,
reflejo del sonido
de la vida aburrida
y asumida tras tanta falsedad.
Este es el reposo
sintiendo el poder
de la mente
y la búsqueda consecuente
del ser o no ser,
de alejarte del mundo cruel
alimentado por mis sentidos
disparatados
y ayudado de los despertares.
Así con los recuerdos

hechos en la mente
por ver pasar el presente
fugaz y furtivamente.
El silencio de la naturaleza
trae savia nueva
en el silbido del viento,
alentando la paz infinita
dentro de mi corazón.

XXIX. SOMBRAS TENEBROSAS

Hay una sombra que acecha
en los coros de palacio.
Deslizándose despacio,
luce sin alma y sospecha
afilando su guadaña.

Pasea por los pasillos
sin que nadie se lo impida,
con un carro de mentiras.
A veces, hila y tira
hasta ganar la partida.

Su arrogante figura
no hace honor a la belleza,
pero actúa con firmeza
y así rompe tu armadura.

Con su sombra sueña el hombre
y da miedo que la nombres,
porque da caza a las masas
perpetrando la amenaza.

Cuida tu lado más oscuro
en tu vida cotidiana,

no dejes pasar la mañana
para romper su conjuro.

XXX. EL GATO VAGABUNDO

Soy un gato de mundo
que recorre las calles
buscando tus detalles
como un simple vagabundo.

Si te encuentro,
salgo contento.
Si no te veo,
te deseo.

Reviso el pasado
pensando en ti,
cuando mi alma atrapaste
y en tus brazos alojaste
todo el cariño te di.

En el presente
espero no verte ausente.
Por mi bien te necesito
para saciar el apetito
y después del atracón
sentir un buen achuchón.

XXXI. INFELIZ

Lo siento por hacerte sufrir.
Lo siento por no hacerte feliz.

No fue fácil la vida,
la tuya y la mía.

Dos planetas por espacios diferentes
y sin el resto de la gente.

Tú eras luna y yo sol.
Tú eras luz y yo niebla.
Mi mano tocaba tu mano
desde las tinieblas.

Tú eras sur y yo norte.
Tú eras tierra y yo mar.

Lo siento por hacerte sufrir,
por hacerte llorar,
por no ser tu aprendiz.

No fue fácil la vida,
la tuya y la mía.

Yo era feliz con mis fantasías.
Tú te refugiabas en un mundo de marionetas,

guiada por otras manos
que no te merecían.

Nunca conseguí entenderte
para no llegar a perderte.

Lo siento por hacerte sufrir.
Lo siento por no hacerte sentir.

No fue fácil la vida,
la tuya y la mía.

Y con el tiempo
fuiste sol y yo luna,
fuiste cielo y yo hielo.

Nunca fue fácil para los dos.
La niña que había en ti
con mi corazón la rompí.
Y desde entonces
poco a poco te perdí.

Lo siento por hacerte sufrir,
por hacerte infeliz.

Gracias por estar a mi lado.
Te tuve cerca muy cerca de mí
y con el tiempo aprendí
de mis errores,
aunque tarde fui.

Supiste dar lo más bonito de mi vida
y yo, como un tonto, no lo vi.

XXXII.LAS CURVAS DE UNA MUJER

Tus curvas provocan el deseo más profundo.
Vuelvo a mirar y me derrumbo.

Deseos carnales
que asaltan a los pecados capitales.
Mis sentidos dicen ¡basta!,
pero mi sed es más fuerte de lo que sé.

Su cuerpo amenaza
deslizando las manos como tenazas,
acariciándola en mi mente
al igual que se acaricia a una guitarra,
suavemente.

Puedo imaginarla en frente
y prefiero no querer.

Los pensamientos navegan por el río
en los sueños eróticos
con el excitante palpitar
de mis venas corriendo como locas,
aceleradas por el provocador balanceo
de tus curvas sensuales.

XXXIII. BOSQUE OSCURO

Fuego eres y en polvo te convertirás.
Verde chopo, verde olivo.
Color furtivo, color vidrioso.
Olores puros, olores vivos,
color de amigo, color tedioso.
Las llamas dentro de ti
abrasan tu sabia nueva
apagando la esperanza
de las generaciones venideras.

Fuego eres y en polvo te convertirás.
Tus lomas y tus praderas
suenan con el silbido del viento
en mis oídos.
Crujir, ruido temido,
chasquido reñido.
Tus brazos asoman
negros por el horizonte,
negros por el forajido,
negros, inmerecidos.

Fuego eres y en polvo te convertirás.
Los pájaros y seres vivos,
el júbilo ahora fugitivo.
con dolor y quejido,
los ojos llenos de llanto

al verte muerto de espanto
por esos malvados bandidos
de odio enardecido
y de egoísmo enloquecido,
carentes de sentimientos,
viendo pasar el tiempo
sin horror y sin tormento.

Fuego eres y en polvo, viento
y lamentos te convertirás.

XXXIV. EL PERDÓN

¿Cómo puedo pedir perdón
si es imposible que perdones mis pecados?
No supe merecer tu bendición,
quizás fue lo apropiado.

Me dijiste un día azul de ficción
que las palabras se las lleva el viento.
Yo no supe entenderlo,
y ahora consiento.

Ahora que vuelvo a recordarte
y te lloro de nuevo, amor.
Ahora que entendí cómo quererte
desde mi temor
no quiero perderte.

Hasta mi sombra te echa de menos
cuando caminamos sin ti.
Es como un veneno
que viaja entre mis ropas,
sediento de amor.

Sin ti, mi vida será un abismo.
No quiero asomarme ahora mismo.
Si es posible que aún te quedes,
déjame explicarte
lo inexplicable, amor.

Déjame ser un equilibrista
por un minuto de tus pensamientos.
Déjame trepar por los hilos de tu corazón
ahora que lo siento.

Intentaré no caer de nuevo, amor.
Intentaré aferrarme a ti con ilusión.
Volveré a ser parte de ti.
Volveré a ser para ti.

Nunca más te dejaré en soledad.
Ser tuyo otra vez,
ser mía cada vez.
Sé que no soy el mejor entre un millón.
Te mentí.
Te engañe.

Pero necesito que
creas en mí otra vez.
Tu recuerdo está en mi mente.
Hay un rincón en nuestra habitación
que pregunta cada día dónde estás,
y de repente
no sé responder al presente.

Me quedo con nuestro pasado,
jugando con tus recuerdos
y con los juguetes rotos.
Déjame explicar lo inexplicable, amor.

XXXV. MAÑANA

Mañana cambiaré mi vida,
aunque estés arrepentida.

Mañana seré un hombre nuevo.
Tú quieres seguir amándome
y yo no me conmuevo.

Ahora mi vida es diferente
y, aun así, soy benevolente.

Te fuiste un amanecer,
me dejaste sin sonrisa.
Pero mañana
cambiaré mi vida,
aunque estés arrepentida.

Mañana seré un hombre nuevo.
Tú quieres seguir amándome
y yo no me conmuevo.

Jugué mis cartas por ti
y nunca me arrepentí.

Tú ganaste,
yo perdí.

Y ahora no te necesito,
mi mundo camina sin ti.

Mañana cambiaré la vida,
aunque estés arrepentida.
Mañana seré un hombre nuevo.
Tú quieres seguir amándome
y yo no me conmuevo.

Sí, mi vida es diferente.
No quiero ser incoherente.
Tu alma está vacía,
y mis manos llenas de ilusión.

Se apagó la luz de nuestro amor
gracias a una canción.

Me hiciste sufrir,
y ahora mi vida es diferente
al resto de la gente.
Volví a caminar más grande y más fuerte,
para ser un hombre nuevo.

Y ahora mi vida es diferente.
No quiero ser incoherente.

PENSAMIENTOS, REFLEXIONES Y VERSOS SUELTOS

Las reflexiones pueden ser como los versos,
aquellos que te hacen vagar y soñar,
y en ocasiones largas,
cortas o rematadamente tontas.

La flor añora la lluvia caer
cuando muere de sed.
Si no la riegas
y siempre le niegas,
no volverá a nacer.

Ruge como un león,
corre como una gacela,
pero sé discreto y no dejes estela.

Cuando mañana amanezca,
busca el secreto dentro de ti,
para poder ser feliz
y no te compadezcas.

Las nubes y las estrellas
son como el niño y la nana:
vuelan juntos hasta la mañana.

¿Acaso es posible morir sin haber vivido?
¿O es necesario vivir de verdad para morir?

Si la llama del amor se apaga,
debes saber apartarte
para dejar volar las cenizas.

El corazón de poeta
es siempre poeta en cualquier situación,
con las cosas de la vida
y no solo del corazón.

No quiero darte esta vida,
que no es vida
ni es nada.
Pero sigo buscando una salida
para que no llegue la despedida,
intentando no cruzarme con tu cansada mirada
y así terminar con tu monótona jornada.

Viento en la noche,
escucho el mar
y a ti no te veo.

El niño dejó de llorar,
no juega contigo
se hizo hombre.

Rueda deprisa la vida
sin esperar al tiempo,

ni retrasar tu partida
y entre las horas perdidas
olvidas vivir tu vida
si te descuidas.

Tú y yo somos dos
cantando una canción desesperada
al amor cansado
por nuestra marchita ilusión desconsolada.

Las mariposas en la barriga
mueren con el tiempo
por más que sigas y las persigas.

No busques en el más allá
tu razón para gozar.
Mira al frente en tu presente,
siempre que puedas improvisar
sin importar la opinión de la gente.

Ruego a la vida
que no me persiga
en la temida despedida.
Intentaré esquivarla si se descuida,
aunque quizás nunca lo consiga.

Si vuelas alto,
no dejes de mirar a tus pies,
aunque lejos de la miseria estés
para no estrellarte sobre el asfalto.

En el incesante trajín de los días
procuré mantener la esperanza
equilibrando así la balanza
por si de nuevo en la oscuridad caía.

En el sendero de la vida
nunca dejé de buscar
entre la tuya y la mía.
Los tesoros más hermosos
parecerán horrorosos
si no caminamos juntos por la misma vía

Llora un niño
y el silencio se quiebra.
La madre con un guiño
hace soñar al niño
entre hebra y hebra.

Yo no quiero tu canción desesperada,
quiero tu corazón enamorado.
No quiero tus quejas desencantadas,
pero sí tus pensamientos ilusionados,
y tu pelo alborotado.

Rompí el poema en mil pedazos
viendo llegar tu rechazo.

Tu maldad solo es comparable
con el forastero que roba al mendigo

para dárselo a su enemigo.
Nada hay más despreciable.

Si rompes una lanza
por el enemigo,
no llores luego siendo testigo
cuando se aproxime la venganza.

Nadie vivió un mañana antes de hoy.

Si no te abres al mundo,
nunca sabrán qué pueden encontrar en tu interior.

Si hablas mal de los demás
para subir peldaños en la vida,
reflejas tus carencias hasta dormida.

Si pides por necesidad,
y cuanto tienes lo ignoras,
es evidente que no valoras.

El gobierno que pasa
de la opinión de las masas
tarde o temprano fracasa.

El sol no brilla en tu ventana
cuando cantan las ranas.

ÍNDICE